Les Grandes Vies

JOHN LENNON

Écrit par
Camille Viéville

Illustré par
Magali Le Huche

GALLIMARD JEUNESSE

Depuis qu'il est petit, John a la musique dans la peau. Elle est celle qui égaye son enfance et qui l'aide à surmonter un très grand chagrin à l'adolescence. Avec son groupe, les Beatles, puis en solo, John révolutionne le rock grâce à des sonorités nouvelles et à son goût prononcé pour l'absurde. Ses mélodies et ses paroles produisent des chansons inoubliables, servies par une voix rauque, reconnaissable entre toutes. Grâce à son talent, John devient l'un des plus grands rockeurs de l'histoire, porté par une extraordinaire popularité. Avec Yoko Ono, sa seconde femme, il voue sa vie à la création musicale et artistique tout en militant pour la paix dans le monde et l'égalité entre les sexes.

Par son œuvre fabuleuse et ses engagements politiques, John Lennon continue aujourd'hui d'inspirer des générations entières de fans, de musiciens et d'activistes.

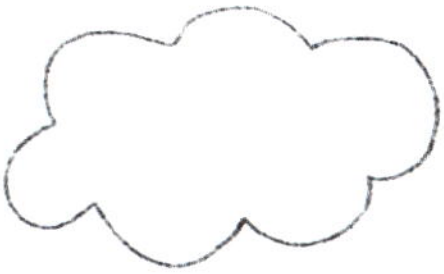

John naît le 9 octobre 1940, en pleine Seconde Guerre mondiale, à Liverpool. Ce grand port du nord de l'Angleterre a été bombardé à plusieurs reprises par les Allemands, et John grandit dans le décor d'une ville en partie détruite. Malgré les restrictions, ses parents, Julia et Alfred, aiment faire la fête, chanter et jouer du banjo. Quand Alfred, matelot dans la marine marchande, prend la mer,

Julia n'aime pas rester à la maison et laisse parfois John sans surveillance pour aller danser toute la nuit. Bientôt, Alfred et Julia ne s'entendent plus et se séparent. Julia, qui partage désormais sa vie avec un autre homme, a la garde de John, mais elle rencontre des difficultés pour l'élever. Alfred, quant à lui, ne vient jamais voir son fils.

John a 6 ans quand Tante Mimi, la sœur aînée de Julia, décide qu'il sera plus heureux auprès d'elle et de son mari, Oncle George. Mais les deux femmes sont très proches et John continue de voir sa mère qu'il adore, si jeune et si vive... Tante Mimi élève John comme son propre fils et lui offre un cadre de vie équilibré dans leur maison nommée « Mendips ».

Elle est stricte et, dorénavant, c'est bain obligatoire puis dîner et coucher à heure fixe. Oncle George, en secret, régale John de bonbons au chocolat. Mimi a aussi beaucoup d'humour, John ne se prive pas de la taquiner.

Elle transmet à son neveu une passion qu'il chérira jusqu'à sa mort : celle de la lecture. Allongé sur son édredon, John se marre en lisant *Alice au pays des merveilles* ou tremble en parcourant les aventures du Club des cinq.

John est un petit garçon fougueux ! En classe ou dans son quartier, mieux vaut ne pas lui manquer de respect : en un éclair, craaaac, il trouve une vacherie bien sentie pour clouer le bec à son adversaire.

Avec ses copains, il fait plein de bêtises. Un jour, sur le boulevard, ils grimpent dans les arbres pour effleurer du pied le toit des bus ; un autre, ils entrent au cinéma sans payer leur ticket !

Mais John n'est pas qu'un garçon turbulent. En plus de la lecture, il a deux autres passions : le dessin et la musique. Il remporte plusieurs prix d'arts plastiques et noircit un carnet de caricatures et d'histoires drôles, sorte de journal parodique qui fait beaucoup rire ses camarades. Il joue de l'harmonica et chante dans la chorale de l'église... avant d'être renvoyé par le prêtre pour avoir volé les fruits décorant l'autel !

John a tout juste 15 ans quand il entend pour la première fois la voix chaude et plaintive d'Elvis Presley, « le roi du rock ». Il est bouleversé ! Le rock, ça envahit le corps, ça prend aux tripes, ça chatouille des orteils à la racine des cheveux ! Le rock, ça donne envie de hurler et de danser ! Wop-bam-boum !

La mère de John, qui raffole de musique, lui fait cadeau d'une guitare dont il joue d'abord comme d'un banjo. Contre l'avis de Tante Mimi, elle lui offre également des vêtements de rockeur. Vêtu de son jean noir et muni de sa « gratte », John fonde alors son propre groupe, les Quarrymen, avec des copains du lycée. La plupart des répétitions ont lieu dans la salle de bains de Julia, appréciée pour son acoustique...

Les Quarrymen donnent leurs premiers concerts, John au chant et à la guitare. Le prêtre, pas rancunier, invite le groupe à animer la kermesse de l'église. Au micro, un sourire narquois aux lèvres, John, 16 ans, enchaîne ses morceaux préférés. Wop-bam-boum ça chauffe dans sa tête et dans sa poitrine !

Parmi les gamins venus l'écouter se tient un garçon aux joues rondes. Il s'appelle Paul McCartney. Lui aussi est fan d'Elvis ! Après le concert, Paul joue quelques morceaux aux Quarrymen. Bluffé, John lui propose de rejoindre le groupe. Paul, bon guitariste, lui apprend plein d'accords. À la rentrée, John, toujours passionné de dessin, s'inscrit dans une école d'art.

Adolescent, John vit un drame terrible qui le marque à jamais. En sortant de chez Tante Mimi, le soir du 15 juillet 1958, Julia est victime d'un accident, renversée par la voiture d'un policier. Elle meurt des suites de ses blessures.

Après avoir été séparé d'elle pour vivre chez Tante Mimi, John perd sa mère à jamais. Son immense tristesse se transforme en une rage féroce. Il devient bagarreur, souvent agressif. Seul Paul, dont la mère est morte quelques mois auparavant, comprend le chagrin de John. Ensemble, ils essaient de surmonter leur peine en se réchauffant le cœur avec le wop-bam-boum du rock 'n' roll. Bien plus tard, John exprimera ses émotions dans une chanson à la mélodie aussi caressante qu'une comptine : *Ma maman est morte / Je ne peux expliquer / Une telle douleur.*

L'histoire des Quarrymen est mouvementée. Certains membres quittent le groupe, d'autres y entrent. Ainsi, Paul présente à John George Harrison, un garçon maigrelet d'à peine 15 ans qui fait des merveilles à la guitare. John, 17 ans et demi, ne veut pas d'un gamin ! Mais George s'impose grâce à son talent...

Stuart joue
de la basse dos
au public pour
que personne ne
voie qu'il ne sait
pas jouer.

Dans son école d'art, John se lie d'amitié avec Stuart Sutcliffe, un gars charismatique, dingue de peinture et de rock'n'roll. Il propose à « Stu » de devenir bassiste du groupe. Reste à trouver un nom marrant : ce sera The Beatles, mot-valise qui mélange *beat* (rythme) et *beetles* (scarabées) ! En 1960, ils partent à Hambourg pour une série de concerts, avec un nouveau batteur, Pete Best.

Dans les clubs de Hambourg, les Beatles reprennent chaque jour les chansons de leurs rockeurs préférés : Elvis Presley, bien sûr, Chuck Berry ou encore Little Richard. Quand John monte sur scène, il ne vit plus que pour le wop-bam-boum du rock'n'roll ! Le visage tendu vers le micro, les jambes écartées sautillant en rythme, il met toute son énergie,

toute sa fureur dans la musique. De retour à Liverpool, les Beatles se produisent surtout au Cavern Club, rendez-vous des jeunes de la région. Durant deux ans et demi, ils y donnent 292 concerts dans une ambiance électrique pour des fans de plus en plus nombreux ! Paul est désormais le bassiste du groupe, « Stu » préférant se consacrer à la peinture.

Un jour de 1961, un homme élégant vient au Cavern Club pour écouter les Beatles. Il les trouve super ! Son nom ? Brian Epstein. Il sera leur manager. Pour séduire un public plus large, il leur demande de changer de look. John, goguenard, finit par accepter : adieu blousons en cuir et santiags ; bonjour costumes cintrés, chemises blanches et cravates fines !

Grâce à Brian, John, Paul et George, accompagnés d'un nouveau batteur, Ringo Starr, enregistrent en quelques heures leur premier album, *Please Please Me*. Huit des quatorze chansons sont écrites par John et Paul, révélant tout leur talent pour les mélodies. Le disque se termine par une reprise, *Twist and Shout*, dans laquelle John, la voix cassée, chante avec frénésie. Il est heureux car son rêve se réalise !

Quelques mois avant la sortie de l'album, la petite amie de John, Cynthia, découvre qu'elle est enceinte. John ne se sent pas prêt à devenir papa. Or, à l'époque, on n'a pas le choix ! Par respect des <u>convenances</u>, il épouse la jeune femme. Elle accouche d'un garçon le 8 avril 1963, baptisé Julian en mémoire de Julia.

Brian, le manager du groupe, demande à John de garder secrets son mariage et la naissance du bébé pour préserver son image de rockeur auprès des fans. Pris dans le tourbillon du succès grandissant des Beatles, John est un père et un mari absent. Mais, quand il divorcera d'avec Cynthia, il écrira pour Julian, alors âgé de 5 ans, une berceuse, *Good Night*, qui révèle toute sa tendresse : *Bonne nuit, dors bien...*

Après la sortie de *Please Please Me*, un vent de folie souffle sur le monde… la Beatlemania ! John, Paul, George et Ringo sont partout, dans les journaux, à la télévision, à la radio et même au cinéma. Les filles hurlent dès qu'elles entendent leurs chansons. Les garçons portent les cheveux longs et des Beatles Boots. Le groupe sort plusieurs albums que les ados s'arrachent.

Dans un premier temps, John est ravi du succès prodigieux des Beatles. Wop-bam-boum, c'est la belle vie !
Mais, petit à petit, ce succès se transforme en prison dorée où il faut être constamment disponible, drôle et de bonne humeur. Dans *Help !*, une de ses chansons les plus célèbres, il écrit comme une prière : *Aide-moi si tu peux, je me sens déprimé / Et j'apprécie que tu sois là / Aide-moi à garder les pieds sur terre...*

Depuis leur rencontre à la kermesse, John et Paul écrivent et composent la plupart des chansons des Beatles. Tadada-tadadi-dim-dam, les idées fusent n'importe où, n'importe quand... Ils ne connaissent pas le solfège, mais ils ont une excellente oreille et s'aident d'un piano ou d'une guitare. Le style de Paul, harmonieux et léger, complète bien celui de John, plus torturé.

Dans ses compositions, John parle de sa vie, de ses émotions, de ses doutes, quand Paul invente souvent de courtes histoires très imagées. En deux ou trois heures, le tour est joué : comme par magie, un air sort de leur chapeau !
Ça paraît facile raconté ainsi mais, en réalité, leur musique est le résultat de beaucoup de travail et d'un grand talent.

À la fin de l'année 1965, la maison de disques des Beatles leur demande un nouvel album, le sixième en moins de trois ans ! La concurrence est rude : des musiciens comme les Rolling Stones ou Bob Dylan leur disputent le devant de la scène.

Dans *Rubber Soul*, les Beatles expérimentent un son différent. Ils utilisent des instruments inhabituels comme le sitar ou l'harmonium et introduisent des effets de distorsion et des paroles plus poétiques que jamais. John, qui vient d'avoir 25 ans, crée, avec l'aide de Paul pour la mélodie, une ballade nostalgique dans laquelle il se remémore sa jeunesse à Liverpool : *Il y a des endroits dont je me souviendrai / Toute ma vie, même si certains ont changé…* Les Beatles poursuivront ces expérimentations dans leur disque suivant, *Revolver*, qui sortira en 1966.

Hiiiiiiiiiiiiiiiiiiiiiiiiiiiiiiiiiiiiiiiiiiiiiiiiiiiiiiiiiiiiiiiiiiiiiii !

Les amplificateurs ne sont pas assez puissants pour couvrir les hurlements des groupies pendant les concerts des Beatles. Les ados crient si fort qu'ils ne s'entendent plus jouer. À la batterie, Ringo est obligé de suivre les hochements de tête des trois autres pour garder le rythme ! John a l'impression que les fans ne respectent pas leur musique. Il n'arrête pas de répéter : « J'en ai assez ! »

Le 29 août 1966, dans un stade de San Francisco, le groupe donne son dernier concert public devant 25 000 personnes. Pour John, la fin des tournées marque un nouveau départ. Il n'a qu'une envie, retrouver le frisson, le wop-bam-boum du rock 'n' roll, en continuant les expérimentations entamées dans les deux derniers albums, *Rubber Soul* et *Revolver*.

Quelques mois après leur dernier concert, les Beatles reprennent donc le chemin des studios pour enregistrer *Sgt. Pepper's Lonely Hearts Club Band*, considéré par beaucoup comme leur chef-d'œuvre. Ils veulent prouver qu'ils sont de vrais artistes et qu'ils ont mûri. Aidés par leur producteur, George Martin, ils imaginent un album magnifique, pareil à un <u>kaléidoscope</u> : tout y est inventif et coloré.

Les paroles sont inspirées de la vie quotidienne, d'un dessin de Julian ou d'une publicité. On entend une multitude de sonorités : violon, clarinette, clavecin ou orgue Hammond, et même le cocorico d'un coq et le driiiiiing d'un réveil ! John et Paul écrivent alors l'une des plus belles chansons pop, *A Day in the Life* : *J'ai lu les nouvelles aujourd'hui, mec / À propos d'un homme chanceux qui a réussi...*

Après la sortie de *Sgt. Pepper*, sous l'influence de George et de sa femme, les Beatles partent en Inde pour méditer et se libérer du stress londonien. John, surtout, se sent mal. Malgré l'amour de Cynthia et de Julian, malgré le wop-bam-boum du rock'n' roll

et la réussite éclatante du groupe, malgré l'arrêt des tournées, il ressent un grand vide, qui lui est impossible de combler. Le vide causé par l'abandon de son père et la mort de sa mère… Seulement, rien n'y fait, pas même la méditation.

Quelques années plus tard, John cherchera encore à calmer les souffrances de son enfance. Il fera une thérapie un peu spéciale pendant laquelle son psychologue l'encouragera à pleurer comme un bébé…

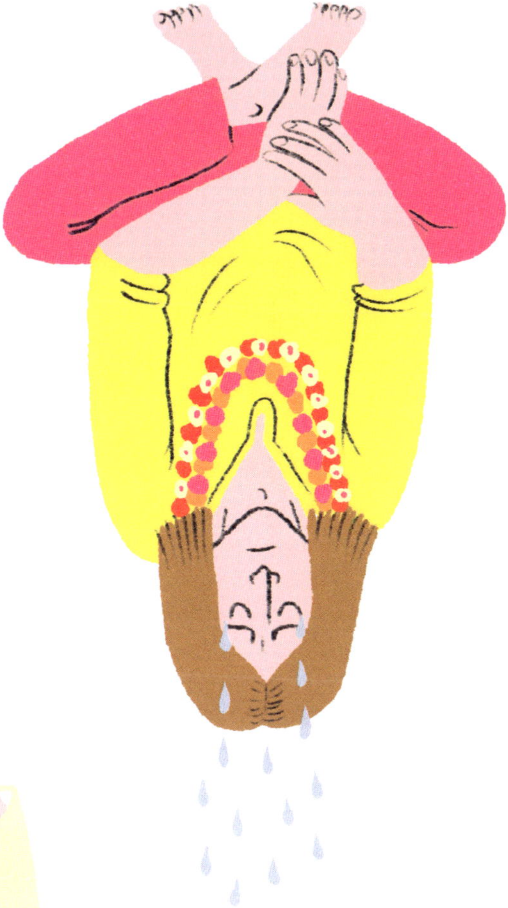

Maman, ne pars pas ! Papa, rentre à la maison ! supplie-t-il dans l'une de ses chansons.

Un soir de novembre 1966, John visite une exposition qui l'amuse beaucoup. Les œuvres, créées par Yoko Ono, une artiste et musicienne de 33 ans, sont participatives : le visiteur peut planter des clous dans un tableau, repérer à l'aide d'une loupe le mot « OUI » inscrit en tout petit au plafond ou faire une partie d'échecs avec un jeu entièrement blanc. Le chanteur est impressionné par l'imagination débordante et l'humour absurde de la jeune femme. Bang ! John et Yoko tombent rapidement très amoureux l'un de l'autre et se marient en 1969.

Yoko est inventive, audacieuse et indépendante. Née au Japon de parents musiciens, elle a longtemps vécu à New York où elle a étudié l'art, la littérature, et bien sûr la musique. Elle pense que la création ne doit pas être enfermée dans les musées ni réservée à une élite. Ainsi, avec d'autres artistes d'avant-garde, elle propose au spectateur des œuvres à faire chez soi ou à imaginer dans sa tête. C'est une révolution !

John et Yoko décident de faire de leur vie commune une œuvre d'art. Ensemble, ils ont plein d'idées folles qu'ils expérimentent sans cesse. Ils enregistrent des disques farfelus dans lesquels ils mêlent des sons du quotidien, des cris, des riffs de guitare ou des pulsations cardiaques. Ils réalisent des films un peu bizarres comme *Apotheosis*, qui montre un ballon s'élevant dans le ciel.

Ils organisent des happenings loufoques, cachés dans un grand sac de tissu noir. Et pour leur lune de miel, ils programment un *bed-in*. Dans la chambre d'un grand hôtel, ils restent au lit pendant une semaine et invitent des journalistes à discuter d'un sujet très très important pour eux : la paix dans le monde !

Entre 1969 et le début de l'année 1970, les Beatles enregistrent deux albums dans une atmosphère souvent tendue. Ils ne sont d'accord sur rien : ni sur leur musique, ni sur la gestion de leur maison de disques, ni sur la présence de Yoko aux côtés de John. Le wop-bam-boum du rock'n' roll a un peu perdu de sa magie...

Après une décennie de collaboration étroite, John annonce à Paul, George et Ringo qu'il dissout les Beatles pour se consacrer à ses projets personnels. Toutefois, la séparation du groupe n'est révélée à la presse qu'en avril 1970, peu avant la sortie de leur dernier disque, *Let It Be*. L'année suivante, en réponse à une ou deux piques de Paul dans son album solo, John écrit *How Do You Sleep ?*, chanson aux paroles dures dans laquelle il règle publiquement ses comptes, fidèle à son caractère impulsif.

Keith Moon

Billy Preston

John Lennon

Une nouvelle carrière commence pour John. C'est vertigineux ! Avant même de dissoudre les Beatles, il a créé avec Yoko un groupe au nom rigolo, le Plastic Ono Band. Sa composition n'est pas fixe : John et Yoko invitent au gré des disques et des concerts des amis musiciens, comme le guitariste Eric Clapton, le pianiste Billy Preston, le batteur Keith Moon ou même George et Ringo.

Yoko Ono

George Harrison

Eric Clapton

Ringo Starr

Après la séparation des Beatles, John n'a rien perdu de son formidable talent. Il écrit de très belles chansons autobiographiques, sur sa mère (*Mother*), ses origines modestes (*Working Class Hero*), sa jalousie maladive (*Jealous Guy*) ou la drogue (*Cold Turkey*). Dans *Oh My Love*, il raconte sa renaissance auprès de Yoko : *Oh mon amour pour la première fois de ma vie / Mon esprit est grand ouvert*. Pour retrouver la fièvre du rock 'n' roll, John sort également un disque de reprises de standards américains tels que *Be-Bop-A-Lula*, *Stand By Me* ou *Peggy Sue*.

À la suite de leur *bed-in*, John et Yoko deviennent militants pour la paix. Ils participent à des manifestations contre la guerre menée par les États-Unis au Vietnam et enregistrent plusieurs hymnes pacifistes : *Tout ce qu'on dit c'est : donnez une chance à la paix !* chantent-ils.

En 1969, lors des fêtes de fin d’année, John et Yoko conçoivent une monumentale campagne publicitaire pour sensibiliser et responsabiliser les citoyens. Dans le monde entier, de grandes affiches proclament : « La guerre est finie (si vous le voulez). Joyeux Noël de la part de John & Yoko. »

Au printemps 1971, dans son vaste manoir au milieu de la campagne anglaise, John enregistre une chanson qu'il a écrite et composée avec Yoko. Elle s'appelle *Imagine* et traduit leurs espoirs les plus ardents : *Imagine tous les peuples / Vivre pour le temps présent / Imagine qu'il n'y ait pas de pays / Ce n'est pas difficile / Plus de raison de tuer ou de se sacrifier / Et pas de religion non plus...* Son message à la fois pacifiste, laïque et cosmopolite est porté par une mélodie délicate interprétée au piano qui, hey hey-ey-ey !, peu à peu monte en puissance pour aller droit au cœur.

La chanson rencontre un très grand succès et est reprise par de nombreux chanteurs, de David Bowie à Lady Gaga. Après la mort de John, *Imagine* est si célèbre qu'elle devient l'hymne officiel d'Amnesty International, un important organisme qui soutient les droits de l'Homme, et reçoit le prix de la « Chanson du siècle ».

Quelques semaines après l'enregistrement d'*Imagine*, John et Yoko quittent l'Angleterre pour les États-Unis. Yoko fait découvrir New York à John qui tombe sous le charme de la ville et de son énergie créative.

Le musicien s'y sent plus libre qu'à Londres où les fans et les journalistes se montrent souvent pressants. John et Yoko sortent alors un double album, *Some Time In New York City*, qui reflète l'effervescence politique régnant autour d'eux. Mais John a beau être une star, il a des difficultés à obtenir le droit de séjourner dans le pays, en raison de son engagement contre la guerre du Vietnam. L'État américain, opposé à la présence du chanteur aux États-Unis, lui fait un procès qu'il finit par gagner. Enfin, au bout de cinq années, il reçoit sa *green card*, la précieuse petite carte de résident permanent.

«Je suis un homme violent qui a appris à ne pas être violent et qui regrette sa violence», explique John, enfin apaisé. Au contact de Yoko, il s'intéresse au féminisme. Il lit beaucoup sur le sujet et assiste à des conférences qui dénoncent la domination masculine. Lui qui dans le passé a parfois mal agi à l'égard des femmes défend dans ses chansons ou dans les journaux l'égalité entre les sexes.

En 1975, Yoko donne naissance à leur fils, Sean. Dès lors, le couple décide de se retirer de la vie publique : fini les disques, les happenings ou les manifestations ! John, qui n'a pas vu grandir Julian, choisit de rester à la maison pour élever le bébé. Il devient un vrai papa poule, s'occupe des repas de Sean, joue avec lui, lui apprend à nager... Pendant ce temps, Yoko gère les affaires du couple. À l'époque, cette répartition des rôles entre le père et la mère est <u>subversive</u> !

Alors que Sean s'apprête à fêter ses 5 ans, John part naviguer dans l'archipel des Bermudes, accompagné de quelques marins. Lors d'une grosse tempête, seul à la barre, John lutte contre des vagues énormes et un vent fort, guidé par le sentiment étrange d'être relié au cosmos. Wop-bam-boum, cette expérience enivrante lui inspire plusieurs chansons, les premières depuis longtemps ! C'est décidé, à son retour à New York, il enregistre un album avec Yoko.

Sorti au mois de novembre 1980, *Double Fantasy* est un dialogue entre John et Yoko. Il est influencé tant par les classiques du rock que par la new wave.

Dans les sept chansons que le musicien signe, il parle de son amour pour sa femme et son fils, de ses peurs, de ses joies. Dès le début du disque, il chante : *Notre vie ensemble est si précieuse, ensemble / Nous avons grandi, nous avons grandi...* John, qui vient d'avoir 40 ans, est si fier de l'album !

John ♥
Why?
John
Lennon
FOR
EVER ♥

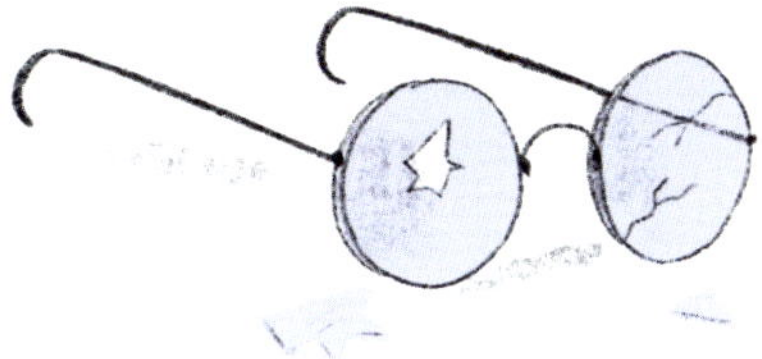

Mais trois semaines après la sortie de *Double Fantasy*, le 8 décembre 1980, un nouvel événement tragique survient. John et Yoko passent la journée ensemble. Ils donnent une interview et reçoivent une photographe – John pose pour elle vêtu d'un jean, d'une paire de santiags et d'un blouson de cuir. Rockeur un jour, rockeur toujours ! En fin d'après-midi, John et Yoko se rendent au studio d'enregistrement pour travailler à des chansons. Le soir, devant leur immeuble, un homme guette leur retour, un revolver dans la poche. À l'arrivée du couple vers 22 h 50, l'homme brandit son arme et tire. John, emmené d'urgence à l'hôpital, meurt quelques minutes plus tard. C'est la stupeur. Pendant que l'horrible nouvelle se répand dans New York, des dizaines de personnes en pleurs se réunissent en bas de l'immeuble de John et entonnent *Give Peace A Chance*, l'hymne pacifiste qu'il a écrit en 1969. Le lendemain, un message est transmis à la foule : « John aimait l'humanité et priait pour elle. S'il vous plaît, faites de même pour lui. Merci. Yoko et Sean. » L'assassin, immédiatement arrêté, est condamné à la prison à perpétuité.

La mort de John Lennon, si dramatique soit-elle, n'a pas fait taire sa voix, restée extraordinairement vivante. Plusieurs décennies après sa disparition, des gens, dans le monde entier, continuent d'écouter ses disques, sensibles à leur beauté et à leur énergie intactes. Des musiciens, comme Madonna, Florence and the Machine, Arcade Fire, Arctic Monkeys ou The Weeknd, reprennent avec passion ses mélodies. Et des jeunes, inspirés par ses chansons, perpétuent le wop-bam-boum du rock 'n' roll dans le garage de leurs parents.

Le combat pacifiste de John et son engagement féministe n'ont pas non plus été oubliés. Depuis 1980, deux récompenses en sa mémoire ont été créées avec le soutien de Yoko : la bourse LennonOno pour la paix et le prix John Lennon du véritable amour. Fidèle à leur militantisme commun, Yoko a prolongé leurs luttes en faveur de l'égalité femme-homme et contre la violence, en s'opposant notamment au port des armes à feu aux États-Unis. À la fin d'*Imagine*, John chantait l'espoir : *Vous pouvez dire que je suis un rêveur / Mais je ne suis pas le seul / J'espère qu'un jour vous vous joindrez à nous / Et le monde ne fera plus qu'un*. Au XXIe siècle, cet espoir palpite encore et toujours.

CHRONOLOGIE

9 octobre 1940
Naissance de John Lennon à Liverpool, en Angleterre, durant la Seconde Guerre mondiale.

1946
Après la séparation de ses parents, John habite chez Tante Mimi et Oncle George.

1955
John découvre le rock 'n' roll en entendant pour la première fois Elvis Presley. C'est une révélation.

15 juillet 1958
Julia, la mère de John, meurt après avoir été renversée par une voiture. Ce drame bouleverse à tout jamais la vie de John.

1960
Les Quarrymen, qui s'appellent désormais « The Beatles », donnent de nombreux concerts à Hambourg et à Liverpool.

1961
Le groupe est repéré par Brian Epstein, qui devient leur manager. Sur ses conseils, les membres adoptent un nouveau look.

1er juin 1967
Sortie de l'album *Sgt. Pepper's Lonely Hearts Club Band*, leur chef-d'œuvre. Tout y est inventif et coloré.

1969
John épouse Yoko Ono. Ils forment un couple extravagant. Pour leur lune de miel, ils invitent les journalistes à un *bed-in* dans leur hôtel.

1969
Le couple organise une campagne publicitaire mondiale pour protester contre la guerre du Vietnam.

1975
Yoko Ono accouche d'un garçon, nommé Sean. Le couple décide de se retirer de la vie publique.

1980
John affronte en bateau une forte tempête au large des Bermudes. Après cette expérience, il décide avec Yoko de reprendre les chemins des studios.

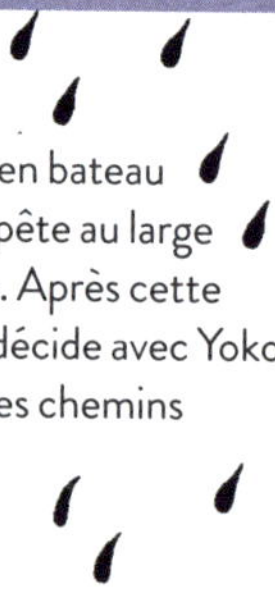

8 décembre 1980
John meurt assassiné, devant son immeuble. C'est un choc immense pour le monde entier.

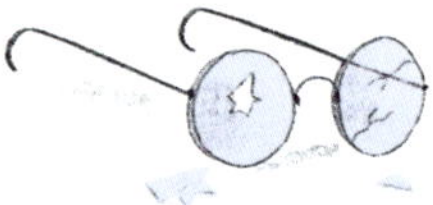

1956
Sa mère lui offre une guitare et toute la panoplie du rockeur.

1956
Il forme les Quarrymen avec des amis du lycée, certains deviendront ensuite les Beatles.

1957
À la kermesse de fin d'année, le groupe donne un concert auquel assiste Paul McCartney. John et Paul deviennent bientôt inséparables.

1962
John épouse Cynthia Powell enceinte de Julian.

1963
Après la sortie de leur premier album, la célébrité des Beatles explose dans le monde entier. La Beatlemania est née.

29 août 1966
Les Beatles arrêtent de donner des concerts public en raison de la mauvaise sonorisation sur scène.

1970
Après plusieurs mois de tension, les Beatles se séparent, et John Lennon poursuit sa carrière en solo. Avec Yoko, il a créé un nouveau groupe, le Plastic Ono Band.

1971
Fervents militants, John et Yoko écrivent la chanson *Imagine* qui prône la paix et l'égalité dans le monde.

1971
Le couple quitte l'Angleterre et s'installe à New York. Après 4 ans de batailles juridiques, John finira par obtenir le statut de résident.

AUJOURD'HUI
Artiste de génie, John Lennon est une figure incontournable du rock 'n' roll. Ses prises de position pour la paix dans le monde et l'égalite femme-homme ont fait de lui une icône politique.

JOHN LENNON

GLOSSAIRE

Amplificateur : appareil qui sert dans les concerts à augmenter la puissance du son.

Avant-garde : mouvement artistique en avance sur son époque.

Banjo : instrument à cordes, formé d'un long manche et d'une caisse ronde tendue de peau.

Bassiste : joueur de basse, un instrument à quatre cordes produisant des sons plus graves que la guitare.

Caricature : dessin qui exagère les détails pour ridiculiser ou se moquer de quelque chose ou de quelqu'un.

Convenances : qui est en accord avec les règles établies par la société.

Cosmopolite : qui rassemble des éléments de plusieurs pays du monde.

Distorsion : déformation du son souvent utilisée dans le rock.

Édredon : petite couette en duvet.

Féminisme : mouvement politique, social et culturel en faveur de l'égalité entre les les femmes et les hommes.

Fougueux : vif, enthousiaste et plein d'énergie.

Frénésie : grande ardeur à accomplir quelque chose.

Goguenard : moqueur.

Gratte : synonyme familier de guitare.

Harmonium : instrument de musique à clavier et à soufflerie, ressemblant à l'orgue.

Hymne : chant qui célèbre quelque chose ou quelqu'un.

Kaléidoscope : tube dont le fond est composé de miroirs et de verres colorés créant à chaque mouvement des formes différentes.

Laïque : indépendant de toute religion.

Narquois : moqueur et malicieux.

New wave : genre musical qui mélange punk et sonorités électroniques.

Pacifiste : personne qui est pour la paix et qui milite sans violence.

Parodique : qui a rapport à la parodie, proche de la caricature.

Perpétuité : qui dure pour toujours, sans interruption.

Prodigieux : qui tient du miracle, qui est extraordinaire.

Rauque : voix enrouée et un peu voilée.

Rock'n' roll : musique rythmée issue du jazz et originaire des États-Unis.

Sitar : instrument à cordes d'origine indienne reconnaissable à son long manche.

Solfège : discipline musicale qui permet notamment de lire les partitions.

Subversive : qui contredit, renverse les valeurs établies socialement ou politiquement.

Vertigineux : quelque chose de très grand, qui donne le tournis.

Retrouve tous les titres de la collection

Les Grandes Vies

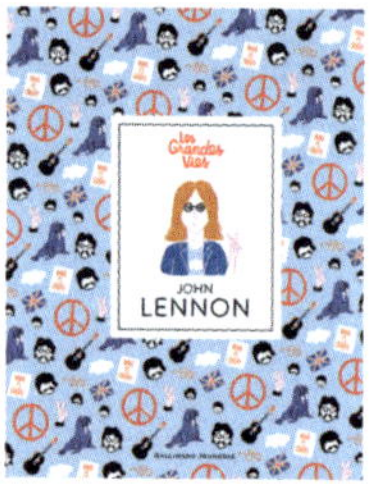

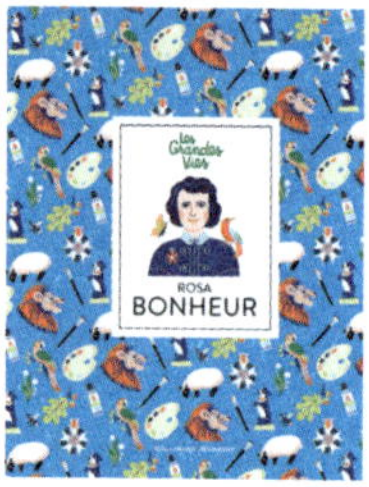

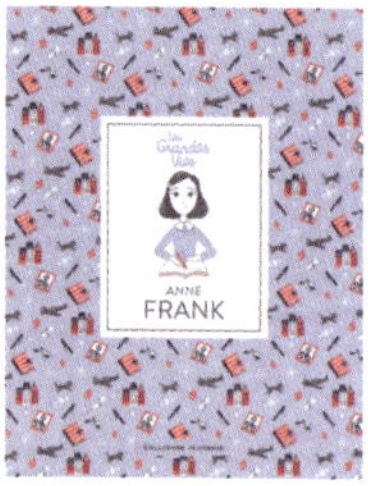

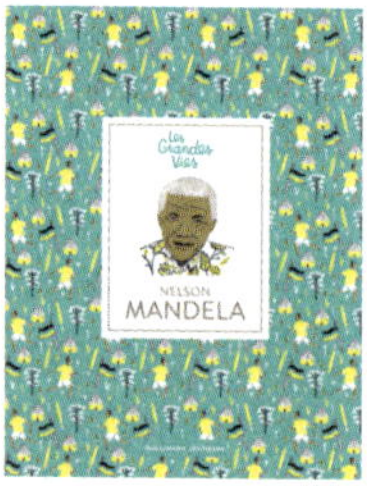

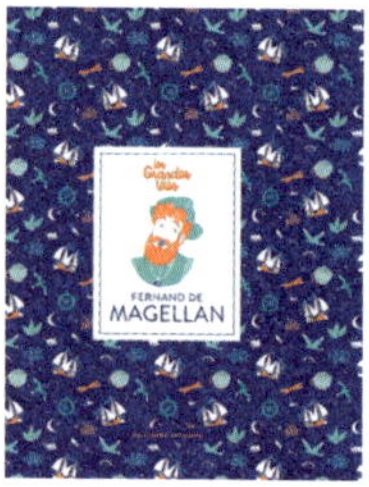

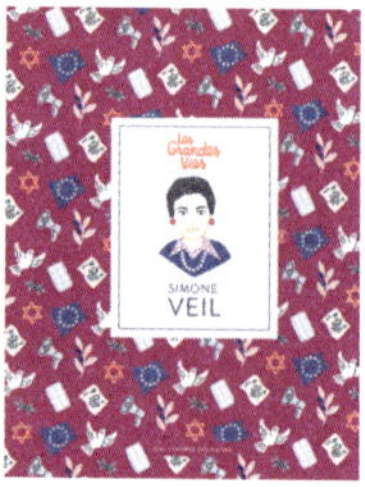

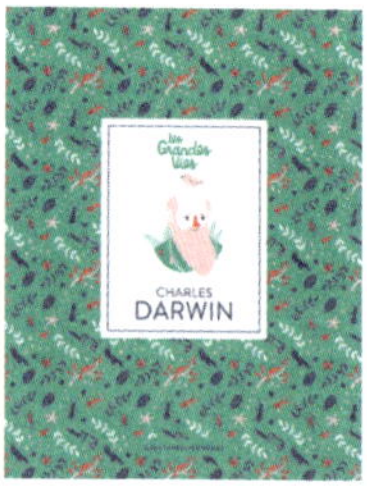